UN

FAIT D'ARMES VENDÉEN

— EN 1800 —

PAR LE

DOCTEUR VIAUD-GRAND-MARAIS

PROFESSEUR A L'ÉCOLE DE MÉDECINE DE NANTES

— Extrait de la *Revue de Bretagne et de Vendée.* —

NANTES

IMPRIMERIE DE VINCENT FOREST ET ÉMILE GRIMAUD

Place du Commerce, 4.

1873

UN FAIT D'ARMES VENDÉEN EN 1800

Entre l'île de Noirmoutier et la côte vendéenne existe, à mer basse, un passage à gué servant aux piétons et aux voitures, et désigné sous le nom de *Gois*.

Lorsque le flot le recouvre, il est appelé *Pé* par les marins, mot qui, en patois vendéen, signifie *hauteur*[1]. C'est, en effet, l'endroit le plus élevé de la baie, et il tend à s'exhausser chaque jour davantage, par l'accumulation des vases et des sables que viennent y déposer les courants, et par un soulèvement lent, mais manifeste, du sol. On peut même prévoir le moment où l'île se trouvera confondue avec la côte voisine. La plaine fertile de la Crosnière, de deux cent

[1] *Gois* est synonyme de gué. Les maraichains prononcent *Goï*, faisant sentir l'*i* de la diphtongue à la manière espagnole. Ils disent aussi *goiser*, et ailleurs *goyer*, pour *marcher dans l'eau*. F. Piet écrivait *goua*; mais nulle part on ne prononce *goa*, comme le veut l'administration. En provençal, *gué* se dit *gua*, et passer à gué, *guazar*.

Ces mots *gué*, *gois*, *gua*, et leurs synonymes : vieux français *guet* et *weil*, latin *vadum*, bas latin *guadum*, italien *guado*, espagnol *vado*, portugais *vao* et *vau*, vieux-haut allemand *wat*, vieux normand *vad*, etc., ont évidemment une même racine. Il en est de même des verbes *guéer*, *goyer*, *goiser*, *guazar*, du latin *vadare*, du bas latin et de l'italien *guadare*, de l'espagnol et du portugais *vadear*, du vieux allemand *watan*, de l'allemand moderne *waten*. Le *v* latin, le *w* allemand, le *g* dur et le *gu* se remplacent, suivant le génie de chaque langue.

Wade anglais, *passer à gué*, se rattache à la même racine; seulement, en anglais le *w* devient voyelle.

Pé, en dialecte de la Vendée et du pays de Retz, est le même mot que *puy*, sur d'autres points de la France. Ils dérivent tous les deux du celtique *pech* ou *puech*, hauteur; dans les chartes latines, ils sont remplacés par le mot *podium*, qui, en basse latinité, a le même sens. Une colline boisée, située sur le trajet de la ville de Noirmoutier au bois de la Chaise, s'appelle *Pélavé*, par corruption de *Pé de l'abbé*, *Podium abbatis*.

cinquante hectares d'étendue, a déjà été conquise, en 1766, aux dépens du Pé, par Corneille Guislain Jacobsen et ses travailleurs noirmoutrins.

Le gué, tel qu'il existe aujourd'hui, n'offre pas de dangers sérieux, et c'est la partie la plus agréable du chemin qui mène à Noirmoutier. La route de mer, presque directe d'une côte à l'autre et d'environ cinq kilomètres, est macadamisée dans toute son étendue. Elle commence, sur chaque rive, par un pavé en pente, appelé *pierré*, la reliant sur le sommet de la digue à la route de terre, et est bordée à gauche, quand on va vers l'île, par des piquets permettant de la reconnaître, lorsqu'il reste encore de l'eau sur les bancs. Dans les endroits dangereux, d'autres piquets, au delà desquels on ne doit pas s'aventurer, sont aussi placés à droite. De distance en distance, sont plantées des balises, indiquant aux marins la partie la plus haute du Pé, et sur plusieurs d'entre elles se trouvent des cages-refuges pour les voyageurs surpris par le flux. En dehors du gué, le terrain, quoique élevé, est peu sûr, et forme par endroits de véritables fondrières. La route elle-même est coupée par des cours d'eau ou *filées*, servant, à mer haute, de chenaux pour la navigation. Ces filées sont loin d'être toujours situées au même point et d'avoir une profondeur constante ; elles se modifient à chaque grande marée. La plus importante porte le nom de *Courseau*.

Au nord du Gois, les rivages s'écartent, et le fond de la mer s'incline de plus en plus vers la baie de Bourgneuf; au sud, les côtes se rapprochent, et la distance qui sépare la pointe de *Boisvinet* de celle de *la Fosse*, n'est plus que de huit cents mètres. Le détroit porte le nom de *Goulet de Fromentine*. La mer y est profonde et un bac y fait le service entre l'île et la Barre-de-Monts.

Sur les deux rives du Pé, des îlots de vases molles émergent audessus du niveau des marées ordinaires, recouverts d'un tapis formé par une graminée appelée le *spartina stricta*.

Le voyageur qui arrive pour la première fois dans l'île, tout en admirant ce pittoresque paysage, se demande pourquoi on n'en supprime pas immédiatement les inconvénients, à l'aide d'une digue, ou mieux, de dessèchements transformant Noirmoutier en presqu'île. L'heure n'est pas encore venue où les courants le permettront. Du reste, l'entonnoir vaseux du Pé a son utilité pour la navigation côtière, et, dans le cas de guerre maritime, il a plusieurs fois servi de refuge à des navires de faible tonnage.

Notre but n'est point de faire ici une description plus étendue du Pé, ni d'en raconter l'intéressante histoire, depuis l'ère carlovingienne jusqu'à nos jours. Nous renvoyons aux *Recherches sur l'île de Noirmoutier*, de F. Piet (2me édition), à l'article *Passage du Gois*, de M. de Sourdeval (*Journal des Haras*, 1853), et à l'ouvrage de M. Edouard Gallet sur *La ville et la commune de Beauvoir-sur-Mer*. Nous ne voulons raconter ici qu'un épisode de la guerre anglaise, arrivé dans le cours de l'été 1800.

A cette époque, la traversée du Gois était loin d'être facile; la route offrait de nombreuses sinuosités, qu'il fallait bien connaître avant de s'y aventurer, et qui changeaient à chaque tempête. Elle était plus longue d'une demi-lieue et aucun macadam ni pierré n'assurait la solidité de son fond. Les filées étaient creuses, et, à mer basse, l'eau y demeurait profonde. On devait donc nécessairement prendre un guide à la Bassotière, si l'on sortait de l'île, ou dans les dernières maisons de la Crosnière, si l'on venait du continent. Ce guide marchait en avant, ayant de l'eau jusqu'aux reins, quelquefois même plus haut, et il sondait le terrain sur lequel le voyageur ou sa monture allait placer le pied.

En 1800, une main de fer gouvernait la France, et la Vendée avait accepté à Montfaucon, le 18 janvier, les propositions de paix du premier consul. Les Anglais n'étaient plus pour les paysans des alliés, mais bien des ennemis de la patrie commune, faisant le plus de mal possible à sa marine et à son commerce.

A la fin de juin, des bâtiments chargés de grains, au nombre d'environ quarante, se trouvaient mouillés sur les vases du Pé, sous la protection des batteries de la Fosse et d'un stationnaire, commandé par le capitaine Kermasson. Ils étaient bloqués en cet endroit par les croiseurs anglais, et ne pouvaient continuer leur route vers Bordeaux.

Une forte division britannique, sous les ordres de l'amiral John Warren, surveillait, en effet, nos côtes. Sir Warren connaissait, par les cutters qui lui servaient d'éclaireurs, la présence de la flotille sur le Pé. Il savait de plus combien étaient faibles ses moyens de protection et de défense, et il avait résolu de s'emparer des navires français, ou, tout au moins, de les détruire [1].

Le 28 juin (9 messidor an VIII), raconte Piet, quatre vaisseaux, une frégate et un cutter apparurent en face du goulet, du côté de la haute mer, c'est-à-dire du sud. Les Anglais mirent leurs chaloupes à l'eau et tentèrent de s'emparer du convoi français. Ils eurent vite reconnu que leur entreprise, ainsi conduite, était hasardeuse, et ne pouvait qu'entraîner inutilement la perte de beaucoup d'hommes.

L'amiral changea donc son plan d'attaque, et le surlendemain deux de ses vaisseaux et une frégate entrèrent dans la baie de Bourgneuf et jetèrent l'ancre à peu de distance des Pennes; le cutter qui leur servait de guide les devança jusque dans le Fin. Pour mieux cacher ses intentions, sir Warren avait laissé des forces en face de la pointe du Croisic, et d'autres en observation vis-à-vis celle de Saint-Gildas.

L'île de Noirmoutier avait alors pour commandant un homme de cœur, Solin-Latour, ayant longtemps servi aux colonies; mais les forces dont il pouvait disposer, pour résister à une attaque des Anglais, se bornaient à soixante jeunes gens de Noirmoutier et des Sables, formant la Compagnie franche de la Vendée, à quelques canonniers garde-côtes, à quelques marins, aux ordres de Julien-Aimé Viaud, et à la garde nationale sédentaire fort mal armée et à la tête de laquelle était Adrien aîné. Il lui fallait, avec ces faibles élé-

[1] Ce combat a été raconté par F. Piet, dans ses *Mémoires*, et par M. de Sourdeval dans l'article cité du *Journal des Haras*. Piet habitait l'île, au moment où il a eu lieu; M. de Sourdeval a écrit, en partie, d'après des notes fournies par la famille Jacobsen. M. Edouard Gallet rapporte aussi ces faits dans son ouvrage sur *Beauvoir*, mais succinctement; enfin, ils sont restés légendaires parmi les paysans des deux rives. Récits et tradition ne sont pas complètement d'accord. Nous allons tâcher d'y jeter un nouveau jour, à l'aide de documents officiels, que nous devons à M. le baron de Girardot, et de renseignements qui nous ont été fournis par M. Edouard Gallet, par M. Simonneau, instituteur à la Barre-de-Monts, et par M. Julien Lassourd, neveu de celui dont il sera parlé ici.

ments de défense, surveiller toutes les côtes de l'île, menacées par la flotte ennemie, et les protéger contre toute tentative de débarquement.

De l'autre côté du Gois, se trouvait Mourain-Bijonnière [1], lieutenant de gendarmerie à Beauvoir, avec une seule brigade de son arme, et quelques douaniers; ces derniers, hommes modestes et dévoués, jouèrent un rôle important dans cette action, non-seulement en éclairant les mouvements de l'ennemi, mais encore en prenant une part glorieuse au combat.

Le 13 messidor (2 juillet), le citoyen Martin, inspecteur des douanes à Saint-Nazaire, adressait au directeur des douanes à Nantes la lettre suivante :

DOUANES NATIONALES.

Port Nazaire, le 13 messidor an VIII.

L'Inspecteur au citoyen Villers, Directeur à Nantes.

Une division anglaise mouilla hier soir, citoyen Directeur, à la pointe de Saint-Gildas, à trois lieues de ma résidence. Une seconde se prolongea sur Noirmoutier et Saint-Gilles, et une troisième rentra au-delà de la pointe du Croisic.

La première est encore à notre vue, et paraît rester là en station; la deuxième a fait un feu terrible toute la nuit. Il paraît certain qu'il y a eu une descente, car, de onze heures à minuit, j'ai vu un incendie qui a duré près de deux heures, soit du côté de Sainte-Marie ou de Noirmoutier, et je ne pus distinguer l'endroit, parce que la pointe de Saint-Gildas le couvrait.

Dès cette nuit, je vais commander un service extraordinaire de six préposés de ma résidence, que je distribuerai sur les forts de la Ville-ès-Martin et l'Ève, de peur que l'ennemi ne fasse refluer quelques-unes de ses forces sur quelques points de la ligne.

MARTIN.

Le même jour, le sous-préfet de Paimbœuf écrivait au préfet de la Loire-Inférieure :

[1] Charles Mourain-Bijonnière était du Marais et natif de Saint-Jean-de-Monts. Il reçut, pour le fait du Gois, un sabre et un fusil d'honneur, et fut nommé capitaine de gendarmerie, grade dans lequel il est mort, à Tours, en 1804, ayant été noyé dans le Cher par son cheval.

Paimbœuf, 13 messidor an VIII.

Le Sous-Préfet du 5me arrondissement du département de la Loire-Inférieure au Préfet du département.

Citoyen Préfet,

Deux vaisseaux, trois frégates et deux cutters ennemis, venus du sud, ont jeté l'ancre avant-hier soir entre le Pilier et Saint-Gildas.

Hier matin, deux des frégates et un cutter ont appareillé et fait route au N.-O. Les deux vaisseaux, la frégate et l'autre cutter, ont mouillé entre Saint-Gildas et Noirmoutier, à mi-baie, ayant plusieurs embarcations à l'eau. On a entendu cette nuit une forte canonnade à Noirmoutier.

On m'assure qu'un convoi, qui venait de Bordeaux, a réussi à entrer dans les ports de cette île, ayant été couvert par le feu de ses batteries.

A la réception de ces nouvelles, qui viennent de m'être transmises par le chef des mouvements maritimes, le temps du départ des barges étant passé, je prends le parti de vous envoyer une ordonnance, chargée d'une lettre plus détaillée pour le chef de l'état-major des mouvements maritimes.

Je pars à l'instant pour Pornic. J'y ferai prendre les mesures convenables, et je vous rendrai compte de suite de la situation des choses.

Je vous salue respectueusement,

P. MAUBLANC.

Au bas, est écrit d'une autre main :

Reçu à huit heures avec un paquet adressé au chef des mouvements maritimes. Le paquet lui a été envoyé de suite, avec invitation de faire part au général des détails qu'il contenait.

Les renseignements de cette lettre ont été transmis de suite au général.

Le contrôleur des douanes de la Barre-de-Monts signalait, de son côté, au directeur des douanes à Nantes, les événements dont il venait d'être témoin.

DOUANES NATIONALES.

La Barre-de-Monts, 13 messidor an VIII.

Le Contrôleur de brigade de la Barre-de-Monts au citoyen Villers, Directeur des Douanes à Nantes.

Je vous rends compte, citoyen Directeur, qu'hier, 12 du courant, nous aperçûmes trois bâtiments de guerre anglais mouillés au large du bois de la Chaise, dans l'ouest de Pierre-Moine, et quantité de leurs chaloupes louvoyer dans la baie de Bourgneuf. A neuf heures du soir, je partis de ma résidence avec les préposés et plusieurs habitants, formant la garde nationale et la gendarmerie, commandée par le citoyen Mourin, lieutenant. Nous nous portâmes sur la côte, depuis la Barre-de-Monts jusqu'à l'Epois, et une partie de nous s'embusqua à l'embouchure de l'étier de Beauvoir. A minuit, les Anglais mirent à exécution le projet qu'ils avaient formé d'emmener ou de brûler le convoi mouillé en rade de Fromentine Ils mirent le feu, premièrement à bord du stationnaire, et ensuite à bord de huit ou neuf autres bâtiments, chargés de grains ou de farine, qui n'avaient pu entrer dans le susdit étier. Ils en ont brûlé jusqu'à la distance d'une portée de fusil de l'embouchure de l'étier, et en auraient sans doute brûlé le reste, si une fusillade de droite et de gauche dudit étier ne les avait pas empêchés d'y entrer.

A la pointe du jour, aujourd'hui 13, nous avons aperçu trois de leurs chaloupes échouées sur le Pé; nous nous y sommes transportés, ainsi que quelques habitants de l'île de Noirmoutier et un peu de troupes; nous nous sommes emparés des trois chaloupes et fait environ 130 prisonniers. Tout le monde a montré beaucoup de zèle et d'activité dans cette expédition; tous les préposés, depuis Bouin jusqu'à Saint-Jean-de-Monts, sont sur la côte.

Nous continuerons les patrouilles, la nuit prochaine, dans la crainte d'une nouvelle tentative.

La copie de cette lettre nous a été communiquée malheureusement sans signature. Le nom de l'homme de cœur qui l'a écrite mériterait cependant d'être conservé.

Voici, en réunissant les différents témoignages, comment les choses s'étaient passées dans le Gois.

Le 1er juillet (12 messidor), vers six heures du soir, les Anglais mirent à la mer douze à quinze canonnières, qui vinrent mouiller dans le Fin. A la nuit, elles entrèrent dans le Gois avec la marée, et se dirigèrent d'abord vers le brick armé qui protégeait le convoi. Le brave capitaine Kermasson reçut de son mieux les assaillants, mais il dut céder au nombre, et le stationnaire fut pris à l'abordage, avec les marins qui le montaient. L'ennemi mit immédiatement le feu à ce navire, et put ensuite répandre impunément l'incendie parmi les bâtiments de commerce laissés sans défense. Un grand nombre cependant trouvèrent leur salut en se réfugiant dans l'étier de Beauvoir, sous le feu bien nourri des douaniers et des paysans, embusqués derrière les talus. D'après une note, annexée à la lettre du contrôleur des douanes de la Barre-de-Monts, les navires qui devinrent la proie des flammes furent : le stationnaire de Fromentine[1], un brick normand, capitaine Tuillier, un brick de Nantes, capitaine Legeay, un sloop de Bourgneuf, capitaine Gervier, un brick de Nantes, capitaine Leconte, un brick de la rivière de Bordeaux, capitaine Berger, une goëlette de Noirmoutier, capitaine Fouasson, un chasse-marée de la rivière de Bordeaux, et un autre brick, dont le nom et le port sont restés inconnus.

L'incendie se prolongea toute la nuit.

Prévenu des manœuvres, des péniches et attiré par le bruit du canon, Solin-Latour arrivait à l'entrée du Gois à dix heures du soir, suivi de sa compagnie franche, de deux cents gardes nationaux et de deux pièces de campagne. La rage dans le cœur, le commandant de Noirmoutier et ses hommes contemplaient ce douloureux spectacle, attendant le moment propice pour le faire payer à l'ennemi.

Sur la terre ferme, la population partageait la même irritation, et Mourain-Bijonnière avait peine à la calmer. Encouragée par l'abbé Gergaud, curé de Beauvoir, qui ne se cachait plus que pour la forme, elle demandait des armes et voulait marcher contre les Anglais. Parmi les spectateurs se trouvait Pierre Rousseau, le guide le plus sûr du Gois, celui qui avait conduit, à travers le dangereux passage, Charette et son armée, lors de la prise de l'île par le général vendéen. Rousseau promettait de mener les paysans jusques aux péniches, dès que la mer commencerait à baisser.

Armer les volontaires n'était pas chose facile, dit avec raison M. de Sourdeval, car, à la suite de la pacification du pays, un désarmement général venait d'avoir lieu. L'officier de gendarmerie de Beauvoir dut hésiter à laisser des armes entre les mains de gens s'en étant servis contre la République. Mais, fourches, faux retournées et fusils, jusque-là soigneusement cachés, apparurent bientôt de tous côtés.

Cependant la mer baisse, et, tout entier à leur œuvre de destruc-

[1] Deux navires de l'Etat sont indiqués, par les vieillards de Barbâtre, comme ayant été en station vers cette époque sur les vases du Pé, le *Subtile* et l'*Angélique*. Nous ne savons lequel des deux prit part à cette action.

tion, les Anglais ne s'en aperçoivent que tardivement. Ils essaient alors de forcer le goulet de Fromentine, mais ils en sont empêchés par les canons du fort de la Fosse. Ils rebroussent donc chemin et leurs chaloupes viennent mouiller sur des vases molles, peu fréquentées par les pêcheurs de moules eux-mêmes et situées entre le Gois et la pointe dite le *Bout du Pé*.

Rousseau est dans le passage, monté sur un cheval, qui d'instinct en connaît les bons et les mauvais fonds. Il s'avance avec précaution jusqu'à la portée des balles anglaises et atteint la grande filée, infranchissable en ce point. Il se met en rapport avec les gens de l'île, leur transmet les résolutions des maraîchains et prend les ordres de Solin-Latour.

Il n'y a plus de temps à perdre, les premières lueurs du jour montrent les péniches échouées sur la vase ; sept sont du côté de Noirmoutier, cinq de l'autre bord de la filée.

Solin-Latour se précipite dans le Gois, avec ses deux pièces de canon placées sur des charrettes à bœufs. Les gens de Beauvoir et de la Crosnière, guidés par Rousseau, se lancent aussi au milieu des vases. Ces combattants d'un nouveau genre ont les culottes relevées jusqu'au haut des cuisses et marchent en sondant le terrain. L'infériorité de leurs armes ne les effraie point. La manière dont sont échouées les péniches ne permet que difficilement aux Anglais de se servir de leur artillerie. Le canon du fort de Gâtine, ceux de la Bassotière, et celui de Grand'Rouche prennent, au contraire, une part active au combat.

A la première décharge de mousqueterie, les Vendéens, qui viennent de perdre quelques hommes, se souviennent de la manière de combattre que leur a apprise Charette, et courent sur l'ennemi, avant qu'il ait eu le temps de recharger ses armes.

Les Anglais, surpris par cette double attaque d'hommes dont la fureur double les forces, quittent les embarcations et cherchent leur salut dans la fuite. Ignorant les détours du Gois, ils s'enfoncent dans des vases sans fond, et, se voyant perdus, préfèrent se rendre.

Plus de cent prisonniers restèrent entre les mains des vainqueurs, dont deux officiers et quatre aspirants. Parmi eux se trouvait le fils de l'amiral Warren, et un jeune homme, qui, depuis cette époque, chercha toutes les occasions de rendre service aux Noirmoutrins, sir John Downay [1].

Les péniches furent conduites du Gois dans le port, avec les pièces d'artillerie et les armes nombreuses qu'elles contenaient. Le capitaine Kermasson et les marins français captifs avaient été délivrés.

Au milieu du combat, un certain nombre d'Anglais avaient été assez heureux pour gagner la côte de Beauvoir. Ils rencontrèrent, du côté de l'Epois, une grande barge, sur laquelle ils se cachèrent jusqu'à l'arrivée du flot qui leur permit de rejoindre l'escadre.

Les prisonniers furent d'abord amenés à Barbâtre et casernés sous les hangars de la Seigneurie. Deux y succombèrent, les autres furent dirigés sur Noirmoutier.

Au chef-lieu, les blessés, au nombre desquels se trouvait un officier, atteint de fracture de cuisse, furent conduits à l'hôpital, tandis que leurs compagnons étaient internés au château. Malgré l'exaspération que l'incendie des navires avait jetée dans les esprits, ils furent traités avec la plus grande humanité.

Mais reprenons la publication des lettres. Le sous-préfet de Paimbœuf continue à rendre compte des événements au préfet de la Loire-Inférieure.

Paimbœuf, le 14 messidor an VIII [2].

Le Sous-Préfet du 5e arrondissement du département de la Loire-Inférieure au Préfet.

Citoyen préfet,

J'arrivai hier, à quatre heures du soir, à Pornic, avec le citoyen Morlet. Je vis avec plaisir les bonnes dispositions de tous les habitants, et parti-

[1] Il y a une grande divergence entre le nombre des prisonniers anglais faits dans ce combat. Piet ne parle que de 94 ; M. de Sourdeval dit 195 ; les documents officiels de la préfecture de Nantes en indiquent 180 ; ceux de la douane, 130 ; d'autres, 200.

[2] 3 juillet.

culièrement des fonctionnaires publics. Nous vîmes très distinctement les vaisseaux ennemis, consistant en un vaisseau rasé, et deux frégates mouillées à l'entrée de la baie de Bourgneuf. Le vaisseau avait pavillon parlementaire.

On nous témoigna de l'inquiétude sur le sort de trois bâtiments de transport, chargés de farines pour Bordeaux, qui étaient au port du *Pai*, situé entre Noirmoutier et Beauvoir, parce que, dans la nuit du 12 au 13, on avait entendu, entre minuit et une heure, une forte canonnade et fusillade, et qu'on avait ensuite vu des feux. Cependant, comme on avait distingué onze chaloupes parties de l'escadre le 12, à quatre heures du soir, et, comme on n'en avait vu revenir que cinq, on espérait que les six autres avaient pu tomber en notre pouvoir; surtout, ayant vu une chaloupe parlementaire se rendre du vaisseau rasé à Noirmoutier, et un lougre anglais, mouillé dans la baie, en avant des vaisseaux vers orient, appareiller et faire la route du nord-ouest.

Le citoyen Dessalines, maire de la Bernerie, avait pris la précaution de faire rentrer dans le port de Pornic toutes les chattes ou bateaux-pêcheurs de sa commune.

Après l'avoir autorisé à faire transporter au village même de la Bernerie un des canons de 18 qui se trouvent à l'ancien fort du Collet, et avoir chargé le maire de Pornic de lui délivrer les munitions nécessaires, nous avons visité une partie de la côte, où nous avons trouvé presque tous les habitants sans inquiétude.

J'ai pris toutes les précautions que j'ai crues convenables, et j'ai recommandé aux différents maires de me faire connaître sur-le-champ les mouvements des ennemis.

Ce matin, nous avons visité la côte de Saint-Michel et de Saint-Brevin, où nous avons trouvé les mêmes bonnes dispositions, et où nous avons appris que le lougre parti hier avait semblé voguer vers l'Angleterre, que néanmoins on avait signalé, à la pointe du jour, une division anglaise au nord-ouest, vers le Croisic.

A quatre heures du soir.

En arrivant, je trouve une lettre de l'adjoint de Pornic qui m'apprend que, dans la nuit du 12 au 13, treize chaloupes anglaises armées (celles qu'on avait signalées pour onze) s'étaient rendues à Fromentine, pour y brûler le stationnaire et le convoi de Bordeaux y réfugié; qu'ils y ont brûlé sept bâtiments du convoi et fait prisonnier le citoyen Kermasson et son équipage; mais que, la marée baissant, ils ne purent pousser plus loin leur expédition; qu'ils cherchèrent à s'en retourner par le passage de la Fosse; que le fort les obligea de rétrograder; que leurs chaloupes touchèrent alors à l'endroit nommé le *Goy ;* que les habitants de Barbâtre et de Noirmoutier conduisirent à l'instant une pièce de quatre en charrette, à travers les vases, et ont forcé onze de ces chaloupes de se rendre. Il s'y est trouvé 80 hommes, dont 4 officiers, 2 aspirants; un des officiers a eu la cuisse cassée. Il n'y a pas d'autres blessés. Le fils du comodore Waren, commandant la division, est du nombre des prisonniers.

Deux habitants de Barbâtre ont seuls fait 20 prisonniers. Le citoyen Kermasson et son équipage ont été repris.

Toutes les chaloupes étaient armées d'espingoles; une a une pièce de 12, une autre, un obus de 18; elles sont toutes dans le port de Noirmoutier.

Il est à présumer que l'ennemi va paraître en force sur nos côtes. Je ne manquerai pas, citoyen Préfet, de vous en rendre compte, et je suis persuadé que vous ferez les dispositions nécessaires pour nous envoyer du secours au besoin.

Je vous prie, citoyen Préfet, de vouloir bien me faire connaître ce qui a été décidé, relativement au soi-disant *général Abeline ;* il peut être utile, en dirigeant son zèle; mais, dans la qualité qu'il prend, il peut contrarier les mesures nécessaires, et je vous avouerai que les gardes nationales, rentrées sous l'empire de la constitution, ne doivent pas le reconnaître. Cependant, j'attendrai vos ordres auparavant de donner une décision positive à ce sujet.

Je vous salue respectueusement,

P.-M. Maublanc.

Le même jour, l'autorité française recevait, par une voie inconnue, la lettre suivante écrite d'une canonnière anglaise :

Baie de Bourgneuf, le 2 juillet 1800, à 8 heures du soir.

Au Commandant des armes de la Marine, à Nantes.

Citoyen,

Tout bon Français qui s'intéresse au sort de son pays doit s'empresser à donner des renseignements sur tout ce qui peut contribuer à sa perte, et sur toutes les manœuvres tramées par l'ennemi à ce sujet; heureux si mon malheur peut être de quelque utilité à ma patrie. Né Français, mais naturalisé bourgeois de Hambourg (la ville), je n'en ai pas moins conservé dans le cœur l'esprit et l'amour de ma patrie. Aussi je m'empresse à vous transmettre les renseignements que je puis vous donner, lesquels, s'ils vous parviennent assez à temps, peuvent vous être de quelque avantage.

Parti depuis neuf jours de Vigo, en Espagne, sur le bâtiment prussien le *Friendshap*, capitaine Thompson, sur lequel j'étais passager, me rendant à Altona, destination du bâtiment, le capitaine fut obligé, après quatre jours de traversée, d'abandonner la route, le navire ayant éprouvé des avaries à la mer. Alors, nous trouvant, par la hauteur de Lorient, distant d'environ vingt lieues, il voulut relâcher en ce port quelque temps. Après qu'il eut orienté le navire pour se rendre en cet endroit, nous rencontrâmes, à environ huit lieues de *Groa*, deux frégates, un lougre et une goëlette-canonnière, que nous reconnûmes bientôt après pour être anglais. Nous fûmes visités par la canonnière, qui, après différents signaux, nous fit la suivre, laissant un officier anglais à bord. Nous arrivâmes entre Belle-Isle et Quiberon, où nous rencontrâmes huit à dix vaisseaux de ligne, quelques frégates et autres bâtiments-transports, tous navires anglais. Le capitaine et moi fûmes conduits à bord du vaisseau commandant *l'Impétueuse*. Là, je fus reconnu par quelques émigrés français pour être français, m'avoir connu à Hambourg, il y avait huit à dix mois, et très-partisan des principes révolutionnaires de France, à ce qu'ils alléguaient. Malgré mes objections légitimes, je fus déclaré prisonnier de guerre jusqu'à nouvel ordre. On expédia le bâtiment avec la défense au capitaine de n'entrer dans aucun port de France, autres que ceux de la Manche.

Maintenant, je laisse ici ce qui m'est personnel, pour m'entretenir de ce qui peut importer davantage au salut de mon pays. Je reste donc détenu à bord de la canonnière anglaise *le Spyder*, montant deux canons de vingt-quatre et quatre obus de trente-deux, commandée par un jeune homme de Vannes ou environs, âgé de vingt-huit à trente ans, émigré depuis la première affaire de Quiberon, parlant fort bien anglais et hollandais, et se faisant passer pour Irlandais; il se nomme Georges Pikous. J'ai appris toutes ces particularités de l'équipage, qui est composé d'Anglais, Irlandais, Français et Hollandais. Il y avait à bord une vingtaine d'émigrés de distinction, qui ont tous été mis à terre sur trois points différents, il y a trois jours, à environ onze heures du soir. Il en fut débarqué sept à l'entrée de la rivière Vilaine, côté droit, autant le lendemain, à l'entrée de la Loire, rive gauche, et six dans le fond de la baie de Bourgneuf, d'où je vous écris maintenant, par l'occasion d'un pêcheur de cette baie, qui a été arrêté par la dite canonnière et ensuite relâché.

Nous sommes depuis hier dans cette baie, avec trois vaisseaux de 74, trois frégates, une bombarde, deux cutters, et la canonnière. Les vaisseaux ont des troupes de débarquement à leur bord, mais pas en assez grande quantité pour opérer un débarquement dans la baie et l'île de Noirmoutier. Ils attendent, à ce que j'ai appris, 12,000 hommes de troupes qui sont sur Hœdic et Houat, pour tenter un débarquement, qu'ils appellent coup de main, qu'ils veulent faire. Ils attendent aussi journellement un convoi d'Angleterre important pour eux, étant chargé de troupes, de vivres et d'eau particulièrement, car c'est de ce dernier qu'ils manquent le plus; ils sont bien instruits sur tout ce qui se passe depuis Nantes jusque sur la côte et aux environs; ils savent très-bien qu'il y a peu de troupes dans ces parages, et que les plus proches sont éloignées de vingt à trente lieues, étant presque toutes dans les environs de Vannes, Quimper et Brest; ils sont instruits aussi qu'il n'y a de bâtiments de guerre à Paimbœuf que deux frégates qui ne sont pas armées, et un stationnaire mal armé à l'entrée de la Loire. Tous les soirs, ils envoient des vaisseaux, le *Puissant* et le *Gladiateur*, mouiller dans la baie, et des officiers à terre sur la côte, et qui vont très-avant dans l'intérieur.

Vous pouvez croire à l'authenticité de ce que je vous annonce; au reste, dans cette démarche, vous verrez que l'intérêt seul de mon pays est mon unique guide, et, d'ailleurs, les signaux de vos côtes vous annonceront le reste, puisque c'est le deuxième jour que nous sommes dans la baie, à louvoyer à une lieue distant de terre du côté de l'île et de la rivière. On a même envoyé des ingénieurs aujourd'hui dans des embarcations, pour connaître les environs de Noirmoutier. Le temps ne me permet pas de vous en dire plus long, mais tenez-vous sur vos gardes. Le pêcheur, porteur de la présente, est renvoyé de suite. Je l'engage à remettre cette lettre, partout où il débarquera, à la poste.

Signé : NICOLAS TEREL.

P.-S. — A l'instant on amarine deux bâtiments français.

Pour copie conforme :

Le Chef des mouvements maritimes et d'état-major,

ROUX, AÎNÉ.

Cette lettre n'est pas d'un Français, et son style trahit une plume étrangère. Les Anglais ont voulu donner le change aux autorités françaises pendant les négociations qui avaient lieu à Noirmoutier, et leur cacher la défaite qu'ils venaient de subir. Elle est du 2 juillet, soit du 13 messidor, c'est-à-dire postérieure aux événements arrivés sur le Pé, et n'en parle pas. Elle donne, au contraire, des renseignements concernant un débarquement d'émigrés sur la côte vendéenne, alors que le pays est pacifié; ce qui ressemble fort à une fausse piste.

Quant aux noms des navires signalés, il faut aussi les accepter avec réserve[1]. Le *Gladiateur* est connu cependant pour avoir fait longtemps croisière dans le courreau de l'île d'Yeu et sur les côtes de Noirmoutier.

MARINE, PORT DE NANTES.

Nantes, 15 messidor an VIII [2].

Le chef des mouvements maritimes et chargé des fonctions attribuées aux officiers d'état-major, au port de Nantes et Paimbœuf, au préfet du département de la Loire-Inférieure.

Citoyen préfet,

Les rapports qui viennent de me parvenir de l'île de Noirmoutier confirment malheureusement que le stationnaire de Fromentine a été incendié par les Anglais, dans la nuit du 12 au 13 de ce mois, ainsi que six petits bâtiments qui s'y trouvaient. Ce qui peut consoler de cette perte, sont les 200 prisonniers qui ont été faits dans les bateaux qui se sont échoués sur le Pé, qui revenaient rejoindre leurs vaisseaux, après cette expédition. Suivant d'autres rapports, il paraît certain que les ennemis sont toujours au nombre de 14 vaisseaux, 6 frégates et beaucoup de bâtiments légers, depuis Noirmoutier jusqu'aux Perthuis, et qu'il y a beaucoup de troupes de débarquement à bord de tous ces bâtiments.

Sous Belle-Ile, il y a toujours de 30 à 40 bâtiments de guerre de toutes grandeurs, qui occupent la baie de Quiberon et les environs de cette île.

Salut et fraternité.

ROUX, AINÉ.

CABINET DU PRÉFET.

Nantes, 17 messidor an VIII [3].

Le préfet du département de la Loire-Inférieure au ministre de la police générale.

Citoyen Ministre,

Il résulte des différents rapports parvenus à la préfecture, que, dans la nuit du 12 au 13 de ce mois, les Anglais ont brûlé le stationnaire de Fromentine et sept petits bâtiments d'un convoi destiné pour Bordeaux; mais le recès de la marée ayant laissé à sec les chaloupes de l'ennemi, les habitants de Barbâtre et de Noirmoutier ont à l'instant transporté une pièce de 4 sur une charrette, à travers les vases, et ont forcé onze de ces

[1] M. Simonneau, dans son *Histoire inédite de l'île d'Yeu*, donne d'autres noms aux navires anglais, faisant, en juin 1800, la croisière sur nos côtes.

[2] 4 juillet.

[3] 6 juillet.

chaloupes à se rendre. Ils ont fait environ 180 prisonniers, parmi lesquels sont 4 officiers, 2 aspirants, et le fils du commodore Warren, commandant la division. Un des officiers anglais a eu la cuisse cassée.

Vous remarquerez sans doute avec satisfaction, citoyen Ministre, et comme une preuve de l'amélioration de l'esprit public, que, dans cette circonstance, tous les habitants, quelle qu'ait été leur conduite ou leur opinion dans le cours de la Révolution, se sont rapidement réunis et armés contre les Anglais. La haine qu'ils inspirent anéantit tous les ressouvenirs, étouffe toutes les passions, et cette unanimité ne doit laisser aucune espérance à nos ennemis. Cependant, il paraît, d'après une lettre que m'a communiquée le chef des mouvements maritimes de Nantes, et qu'il transmet au ministre de la marine, que la canonnière *le Spyder*, commandée par Georges Pikous, qui se dit Irlandais, et qu'on croit Français, portait une vingtaine d'émigrés de distinction, dont sept ont été débarqués à l'entrée de la Loire.

LETOURNEUR.

CABINET DU PRÉFET.

Nantes, 17 messidor an VIII.

Le Préfet du département de la Loire-Inférieure au Sous-Préfet de Paimbœuf.

Je suis informé, par une voie sûre, que la canonnière anglaise *le Spyder* a dû débarquer, le 10 de ce mois, vers les onze heures du soir, six émigrés, au fond de la baie de Bourgneuf, et sept autres à l'entrée de la rivière.

J'ai dans votre zèle et votre activité une confiance trop entière pour insister sur la nécessité de faire des recherches sur ce débarquement, et de tâcher de suivre la trace de ces émigrés.

J'ai reçu aujourd'hui votre rapport sur l'affaire de Fromentine. On doit compter beaucoup sur la fidélité, le courage, le dévouement des habitants de la côte de votre arrondissement, dont les excellentes intentions doivent recevoir de votre prudence une utile direction et se fortifier de votre surveillance.

LETOURNEUR.

DOUANES NATIONALES. — Service actif.

Nantes, 18 messidor an VIII [1].

Le directeur des douanes de Nantes au citoyen Letourneur, préfet du département de la Loire-Inférieure.

Citoyen Préfet,

J'ai l'honneur de vous adresser la copie d'une lettre que je reçois à l'instant du contrôleur de brigades de la Barre-de-Mont; il me rend

1 7 juillet.

compte des mouvements qu'il a fait faire à tous les préposés de sa division, pour s'opposer aux tentatives des Anglais sur nos côtes. Réunis avec quelques militaires et habitants de Noirmoutier, ils se sont emparés de plusieurs chaloupes ennemies, et leur ont fait environ 130 prisonniers.

Les préposés des douanes ayant contribué à arrêter l'exécution des projets des Anglais, je ne crois pas superflu de vous faire connaître la conduite louable qu'ils ont tenue en cette circonstance.

J'ai l'honneur de vous saluer.

Pour le directeur en tournée :

Le premier commis de la Direction,

CHALOT.

Pendant que le préfet de la Loire-Inférieure adressait à Fouché les derniers rapports qu'il venait de recevoir, le général Grigny, commandant la subdivision de Nantes, écrivait à Carnot, ministre de la guerre, une lettre, insérée au *Moniteur*, en date du 22 messidor, dont nous faisons l'extrait suivant :

« Les Anglais nous font, citoyen ministre, une misérable guerre; leurs vaisseaux nous font le mal qu'un essaim de taons peut faire à un taureau vigoureux. Ils se montrent et se succèdent partout, et partout ils donnent à connaître la faiblesse de leurs moyens. Vous connaissez, citoyen ministre, leur dernière opération entre Beauvoir et Noirmoutier. Après avoir brûlé notre stationnaire, qui ne s'est pas défendu, ils ont brûlé des gabarres chargées pour le compte de particuliers; mais ce qu'il est intéressant que vous sachiez, c'est que ce détachement de matelots anglais s'est laissé surprendre à terre par la marée baissante; que nos troupes étaient éloignées de ce point, et que ce ne sont que les paysans de Barbâtre, de Beauvoir et de la côte, rassemblés par le citoyen Mourin, officier de gendarmerie, qui ont marché aux Anglais, armés de faulx, de piques et de quelques fusils. Ces paysans étaient de déterminés rebelles sous Charette, et ce sont eux qui ont fait 91 Anglais prisonniers, qui ont affronté le feu des obusiers des chaloupes, et les ont attirées à terre. La perte de ces embarcations a forcé les vaisseaux anglais à appareiller.

» Oui, citoyen ministre, les habitants de ces contrées suffiraient presque seuls pour épouvanter l'Anglais. Une lettre du premier consul, qui féliciterait les habitants de Noirmoutier, Barbâtre et Beauvoir, sur leur bravoure et leur belle action, ferait le plus grand effet politique; elle prouverait que le gouvernement pense à tout, voit tout, apprécie et récompense. Je ne veux pas, par ce fidèle exposé, enlever aucune gloire aux troupes réglées qui sont accourues de toutes parts, de manière que, si l'Anglais avait mis à terre 2,000 hommes, pas un ne se serait rembarqué ; mais j'ai voulu, en rendant aux paysans de la côte la portion de gloire qui leur appartient, vous donner à juger combien est rassurante la haine qu'ils viennent de manifester contre un ennemi qu'ils protégaient, lorsqu'ils étaient en révolte contre le gouvernement. »

Le soir du jour où avait eu lieu le combat, un parlementaire se présentait à Noirmoutier, de la part de l'amiral, pour proposer un échange des prisonniers, et pour avoir de leurs nouvelles.

Rendre à leur famille des marins retenus depuis longtemps sur les pontons anglais, et voir pendant toute la durée de la guerre l'ennemi s'éloigner des côtes de la baie de Bourgneuf, étaient des propositions trop belles pour être rejetées. Solin-Latour soumit donc à sir Warren la convention suivante, qui fut immédiatement souscrite par l'amiral :

« Article i. — Aucun des articles de la présente convention » n'aura son effet qu'autant qu'elle aura été entièrement ratifiée » par le général commandant la Division.

» Article ii. — Les prisonniers anglais faits dans la journée du » 2 juillet, tant à Beauvoir qu'à Noirmoutier, seront échangés » pour pareil nombre et pareil grade de prisonniers marins de » Noirmoutier.

» Article iii. — Cet échange aura lieu par voie d'un chasse- » marée français, qui partira du port de Noirmoutier avec les pri- » sonniers anglais, les conduira en Angleterre et en ramènera les » prisonniers français de l'île de Noirmoutier.

» Article iv. — L'amiral Warren s'engage à ne commettre » aucune hostilité contre l'île jusqu'à ce que l'échange dont il » s'agit ait reçu sa pleine et entière exécution [1]. »

Dès le lendemain de la signature de la convention, les Anglais devaient quitter la baie de Bourgneuf, mais ils y furent retenus par le vent; ce qui valut à l'île un nouvel échange de parlementaires. Les officiers noirmoutrins envoyés sur l'escadre y furent traités avec la plus grande courtoisie. Les prisonniers purent recevoir de l'argent et des lettres.

[1] Piet, 2me édition, page 636.

Moins inquiet du sort de son fils, l'amiral donna l'ordre d'appareiller et les Anglais ne reparurent plus dans la baie de Bourgneuf, à la grande joie des riverains. L'étoile du vainqueur de Villaret-Joyeuse venait de pâlir devant quelques gardes nationaux et paysans mal armés.

La ratification de la convention par les autorités françaises traîna en longueur, et l'échange des prisonniers n'eut lieu que quatre mois après. Les malheureux marins de Noirmoutier et des environs purent enfin quitter les pontons infects, où ils étaient décimés par les tortures morales et les affections contagieuses.

Le 26 juillet, Fouché, ministre de la police, répondait comme il suit au préfet de la Loire-Inférieure :

Paris, le 7 thermidor, an VIII.

Le Ministre de la police générale de la République au Préfet du département de la Loire-Inférieure, à Nantes.

J'ai reçu, citoyen Préfet, votre rapport du 21 messidor dernier sur la tournée que vous avez faite sur les côtes de votre arrondissement, au moment de l'apparition des Anglais.

Les observations que vous m'avez présentées à ce sujet, n'ont point échappé à mon attention, et j'en ai tiré le parti convenable.

Au surplus, je remarque avec un vif intérêt le bon esprit qui anime les habitants de l'arrondissement qui vous est confié. J'applaudis sincèrement aux preuves de zèle et de courage qu'ils ont données, au moment où le perfide Anglais inquiétait les côtes.

Je ne doute pas que vous ne sachiez entretenir ces bonnes dispositions.

Dans le cas de nouvelles tentatives de la part de l'ennemi, je compte toujours sur votre zèle et votre surveillance.

Salut et fraternité,

FOUCHÉ.

Le même jour, le premier consul écrivait au citoyen Lefaucheux, préfet de la Vendée [1].

Paris, 7 thermidor.

Le premier consul au préfet de la Vendée.

« On m'a rendu compte, citoyen Préfet, de la bonne conduite qu'ont » tenue les habitants de Noirmoutier, de la Crosnière, de Barbâtre et de

[1] *Moniteur*, 8 thermidor, an VII (27 juillet 1800).

» Beauvoir, dans les différentes descentes tentées par les Anglais. On ne » m'a pas laissé ignorer que, ce sont ceux-là mêmes que la guerre » civile avait le plus égarés, qui ont montré le plus de courage et d'atta- » chement au Gouvernement.

» Faites choisir douze des habitants qui se sont le mieux comportés » dans ces affaires, et envoyez-les à Paris, accompagnés de l'officier de » gendarmerie qui les a conduits. Je veux voir ces braves bons Français; » je veux que le peuple de la capitale les voie, et qu'ils rapportent à » leur retour les témoignages de la satisfaction du peuple français. Si, » parmi ceux qui se sont distingués, il y a des prêtres, envoyez-les-moi » de préférence, car j'estime et j'aime les prêtres qui sont bons Français » et qui savent défendre la patrie contre ces éternels ennemis du nom » français, ces méchants hérétiques d'Anglais.

» Je vous salue,

Le premier consul,
BONAPARTE.

Le secrétaire d'État,
H. B. MARET.

Le premier consul, tout en récompensant le mérite, prenait les Vendéens par leur faible et cherchait à se concilier leur affection. Tout le monde remarquera l'adresse avec laquelle ce profond politique place le mot Gouvernement, au lieu de celui de Patrie. Rousseau et ses hommes, ainsi que les braves Barbâtrins, s'étaient battus pour la France et nullement pour le gouvernement consulaire. L'indignation commune avait fait disparaître toute nuance politique et l'ennemi n'avait trouvé devant lui que des Français.

Six hommes furent choisis parmi les Maraichins, et six parmi les Noirmoutrins. Nous n'avons pu nous procurer les noms des premiers [1]. Voici, d'après Piet, ceux des seconds : 1° *Julien-André Lassourd,* de Barbâtre, sergent de la compagnie franche de la Vendée; c'est lui qui avait le premier donné l'alarme sur les mouvements des canonnières, et il fut un de ceux qui poursuivirent avec le plus d'ardeur les Anglais dans le Gois [2]; 2° *Sébastien Pal-*

[1] M. de Sourdeval cite, comme s'étant le plus signalés parmi les hommes de Beauvoir : Pierre Rousseau, Jean Marchais, Bénéteau, Léchardour, Raballand, Jean Bernard, Ch. Burgaud, Longe-épée, Palvadeau et M. Rouillé.

[2] La famille de M. Lassourd jouit, à Barbâtre, d'une considération bien méritée, et M. Julien Lassourd fils a été longtemps maire de sa commune.

vadeau ; 3° *Jean Penisson* ; 4° *François Boutet*, tous les trois de l'Épine ; 5° *Isidore Milsent*, et 6° *Mathieu Perchais*, de Noirmoutier.

A Paris, ces hommes, tirés de leur village, furent magnifiquement traités. Rien ne fut oublié pour les éblouir : ils furent présentés au ministre de la guerre, puis au premier consul, et choyés d'une façon spéciale par le général Hédouville et le curé de Saint-Laud, qui avaient joué l'un et l'autre un rôle si important dans la pacification de la Vendée.

M. Benjamin Fillon possède dans sa collection une gravure représentant la réception des douze paysans par Bonaparte. Cette estampe, à la manière noire et sans nom d'auteur, est aujourd'hui très-rare. Les Maraichins y sont représentés avec un large chapeau ou feutre noir, orné d'une chenille ; une longue veste tombe jusqu'aux mollets. Les bas montent au-dessus du genou et recouvrent des culottes courtes ; enfin, une ceinture rouge et verte sur un gilet de flanelle blanche complète le costume [1]. Au bas, on lit cette légende :

« Les douze Vendéens qui ont chassé les Anglais de Noirmoutier, » présentés le 16 fructidor an VIII (3 septembre 1800) aux con- » suls, aux ministres et aux conseillers d'Etat assemblés, par le » ministre de l'intérieur et le général Hédouville. L'un de ces » braves remet au secrétaire la lettre d'un des prêtres du pays qui » a contribué avec eux au succès de cette action, et assure le pre- » mier consul de la bonne conduite de ce prêtre et de ses con- » frères. Bonaparte, d'après l'avis de l'assemblée, donne ordre que » l'on admette de suite au Prytanée un enfant de chacun de ceux » qui, parmi ces défenseurs de la patrie, se trouvent être pères de » de famille. A Paris, chez Basset, marchand d'estampes et fabri- » cant de papiers peints, rue Saint-Jacques, n° 670. » (*Lettre de M. Dugast-Matifeux à M. Ed. Gallet.*)

[1] Depuis cette époque le costume a bien changé; les culottes sont devenues d'amples pantalons, et la veste s'est raccourcie de façon à ressembler à la carmagnole républicaine. Le chapeau à large bord, dit *chapeau rabalet*, et la ceinture rouge et verte sont encore de mode; mais eux-mêmes finiront par disparaître, comme toute chose ayant un certain caractère.

Bonaparte fit remettre à chaque Vendéen une carabine d'honneur et une somme d'argent, puis il les renvoya dans leur campagne raconter les honneurs qu'ils avaient reçus et les merveilles qu'il leur avait été permis de voir.

L'auteur de la lettre, ajoute M. Gallet, à qui nous devons ces derniers détails, était M. Gergaud, ce pasteur courageux qui avait à peine quitté son troupeau pendant la Terreur, fuyant, quand le danger était trop grand, et revenant dans les moments de calme. Depuis l'arrivée de Hoche, il administrait la paroisse de Beauvoir et celle de Saint-Gervais. Il profita du départ de la députation, pour demander au premier consul l'élargissement de trois prêtres vendéens, MM. Voyneau, Morisset et Guérineau, incarcérés à Bordeaux, à leur retour d'Espagne.

Après avoir lu cette lettre, Bonaparte, s'adressant au chef de la députation : « Est-ce un bon homme, ton curé ? demanda-t-il. — *Ouail bé !* répondit Rousseau, dans son patois, *o gli en a pas de meliur.* — Eh bien ! tu lui diras que ses trois confrères vont être immédiatement relâchés, et qu'ils pourront se rendre dans leur pays. »

La promesse consulaire ne tarda pas à se réaliser, et les trois prêtres furent mis en liberté. M. Voyneau fut nommé curé de Challans, où son nom figure sur les registres paroissiaux, du 6 mars 1801 au mois de janvier 1808. M. Morisset, envoyé d'abord comme vicaire à Noirmoutier, en devint curé en 1817. M. Guérineau fut placé à Notre-Dame-de-Monts, puis à Saint-Fulgent, puis à Challans, de 1810 à 1832. Il fut, en dernier lieu, transféré à la cure de Bourbon-Vendée (actuellement la Roche-sur-Yon), où il mourut.

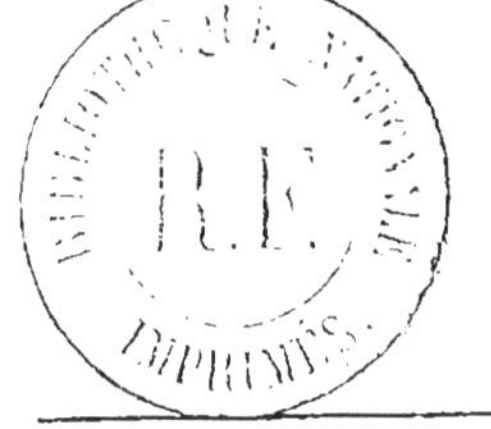

Nantes. — Imp. Vincent Forest et Émile Grimaud, place du Commerce, 4.

www.ingramcontent.com/pod-product-compliance
Ingram Content Group UK Ltd.
Pitfield, Milton Keynes, MK11 3LW, UK
UKHW020410250726
13967UKWH00006B/2565